어머니와 소쩍새

어머니와 소쩍새

조갑문 시인

시인의 말

자연의 소박함을
닮고 싶어서 시를 씁니다.
어머니가 보고 싶어서
시를 썼습니다.
친구의 소중함을
표현하고 싶어서 시를 썼습니다.
세월이 달려가는 것을
멍하니 보다가 시를 썼습니다.
얼굴 없는 사랑인데
그 모습을 그려 보려고 시를 썼습니다.
따스한 햇살의 고마움을
느끼다가 시를 썼습니다.
하늘을 나는 갈매기의 날개 짓에서
희망이 보이기에 시를 썼습니다.
같이 고생 하며 살아준
아내가 고마워서 시를 썼습니다.

2021년 봄에 시인 조갑문

차례

작가의 말

제1부 풀잎의 노래

어린 개나리	12
오월이 오면	13
풀잎의 노래	14
가을 욕심(慾心)	16
낙엽을 보며	18
여름이 가기 전에	20

제2부 그리움에 묻다

그리움의 몽우리들	24
삶의 조각들 모아	25
그리움에 묻다	26
러브스토리	28
뻐꾸기 소리	30
쌓이는 그리움	31

제3부 행복의 기술자

행복 교실	34

고맙소 당신!	35
행복 기술자	38
행복의 주소	40
중년의 향기	42
행복을 끼어 입은 날	44
행복은 모으는 것	45
낭만쟁이	46

제4부 가슴앓이

봄 눈	50
닫아 버린 문	52
사연을 입고 산다	54
가슴앓이	56
인생의 그늘	58
미움의 집	60

제5부 이름값

만근(萬斤)의 무게	64
황혼 부부 길	66
만족(滿足)	68
이렇게 살라고 한다	70
기억의 저편	72
이름 값	74

제6부 열두 달 노래

1월의 기도	78
열두 달 노래	80
소백산의 겨울 꽃	83
세월이여 당신은	84
시월 장미	86
그가 떠나 간다	88

제7부 너를 닮고 싶어

아름다운 너	92
너를 닮고 싶어	94
하늘을 보며	96
희망의 노래	98
내가 나에게	100
여전히 미완성	102

제8부 어머니와 소쩍새

시들지 않는 꽃	106
어머니와 소쩍새	108
어머니와 구슬	110
어머니와 아들	111
어머니께!	112
어머니와 화장품	114

어머니 생각   117

제9부 친구가 보낸 편지

먼 길 나서는 친구에게   122
친구에게   126
친구가 좋다   128
친구가 보낸 편지   130
손님과 친구   131
훈수의 달인   132

제10부 소원이 있어요

꿈이 있어요   138
소원이 있어요   139
가을이 좋아요   140
반가운 겨울 손님   141
기린 가족 농구단   142
사이좋게 지내요   143
엄마 아빠의 마음-동요   144
노란 민들레   146
가을은 페인트 아저씨   147
바람 화가 아저씨   148

제1부

풀잎의 노래

여린 개나리

노란 개나리
돌 만에 돌아왔네

열 두 고개 넘고
네 계절 천천히 걸어

함석지붕 집
울타리로 돌아왔네

봄바람아 살살 불어라
여린 개나리꽃 아파할라

오월이 오면

오월이 오면
가고픈 곳 있네

오월이 오면
보고픈 이들 있네

세월 굽이 휙휙 돌며
주름 고랑 패였건만

비 개인 하늘
무지개 같이
또렷이 그려지는

내 고향 이여
그 시절 동무들이여

풀잎의 노래

1
굵은 빗줄기
퍼붓듯 쏟아지니
여린 풀 이파리
틀어지고 뒤집히고
흙탕물 뒤집어쓰는구나

아프다고
신음소리 내보지만
야속한 빗소리에
범벅 되어
묻히고 마는구나

뒷산에 버티고 있는
저 바위에겐
이 굵은 빗줄기도
스치는 바람 같겠지만

이 가녀린 이파리에겐
보슬비도 장대 같으니
견디고 버티느라
진을 다 빼는 구나

2
알고 있었구나
이 거친 빗발 걷히고
맑게 비치는 햇살
내려올 그 때를

그 때쯤 되면
노래하며 춤추겠지
부는 실바람에
투바기 된 흙먼지
툭툭 털어버리고

파란 이파리 흔들며
살아 있어 행복하다고

가을 욕심(慾心)

참 많이 고대하던
갈바람 품에 안고 보니
감성의 시 줄줄
써내려 갈 줄 아는
가을 시인이 되고 싶고

노랗게 물들어 가는
가로수 은행잎을
바라보고 있자니
꽤 괜찮은 가을의
신사도 되고 싶다

저렇게 높디높은
하늘에 떠다니는
구름을 보고 있자니
이 좋은 시절 한 토막도
놓치고 싶지 않고

낙엽을 노래하고
가을을 노래하는
추억 음악 듣고 있자니
한 곡 멋지게 뽑을 줄 아는
낭만 가수가 되고 싶고

갈바람에 춤추는 서천강둑
코스모스들과 눈 마주치니
원색의 한 폭 그림
제대로 그릴 줄 아는
가을 화가도 되고 싶다

낙엽을 보며

낙엽은
시절의 꼭지인가
그 잎 새 끝에
열두 달이 매달렸구나

낙엽이
길어야 댓마디
그 짧은 잎새 위로
긴 세월이 스쳐갔구나

낙엽은
비망록인가
그 마른 잎새에서
인생이 읽히는구나

낙엽이
가을을 노래하니
그 노란 잎새 따라
낭만은 춤을 추는구나

낙엽이
구르다 자리 펴니
밤새 그 위에 서리 내려
하얀 그림 되었구나

여름이 가기 전에

여름이 가기 전에
매미 소리 더 들어야지

귀뚜라미 소리 들리면
매미 소린 잊을지 모르니까

여름이 가기 전에
수박 한 덩이 더 사 먹어야지

빨간 사과 나오면
과일은 사과가 최고라고 변심할지 모르니까

여름이 가기 전에
눈 한 번 더 마주쳐야지

코스모스 꽃밭 들어가선
달맞이꽃 기억할리 없을 테니까

제2부

그리움에 묻다

그리움의 몽우리들

마디마디 이으며 스쳐간
봄날 같은 소리들

활동사진 돌아가듯
길 따라 그려진 얼굴들

가시 세월에 할퀸 생채기
딱지 앉게 해준 가슴들

초순 밤길 더듬어 갈 때
초승달 가리키며 희망 준 검지들

심장이 방망이질 하는 한
그리움의 몽우리들 피어나리라

삶의 조각들 모아

낙엽 쌓여
한 무더기 되었네

노란 것
빨간 것
색깔도 가지가지

찢어진 것
부서진 것
모양도 제각각

은행 나뭇잎
참 나뭇잎
다른 것들 모여
한 무더기 되었네

한해, 한해
이런 저런 일
크고 작은 일
삶의 조각들 모아
한 눈에 보는 것 같네

그리움에 묻다

그리움, 그대
혹시 고향이
우리 어머니
품속이 아닌지요?
어머니 생각만 해도
그대가 밀려오니 말이오

그리움, 그대
혹시 요즘 같은
시절을 좋아하나요?
하얀 갈대 꽃 피는
이 맘 때가 되면
꼭 그대도 오니 말이오

그리움, 그대
혹시 내 고향
울바위도 알고 있나요?
어릴 적 친구들 이름까지
똑똑히 기억하여

떠 올리고 있으니 말이요

그리움, 그대
혹시 동무를 찾아
가슴 속으로 오는가요?
잊지 못한 사람
간직한 시린 가슴엔 꼭
그대가 있으니 말이오

러브스토리

사랑엔 끈같이
매달린 이야기들이 있다
그게 길던 짧던
그 길이를 재서
아름다우니 아니니
그런 판단을 하진 않는다

짧았어도 그 여운이
긴 세월을 하루 같이
넘어오며 감동을 주는
이야기가 있는가 하면

평생이라는 수식어가
매달려 있어도
감동 아닌 울화만
치밀어 오르게 하는
이야기도 있기 때문이다

젊은 남녀의

길지 않았던 러브스토리
아름다움 반
안타까움 반으로
가슴에 채워졌다

그래서일까
눈 내리는 계절이 오면
한기 스며드는 가슴에
분홍 촛불 밝혀진다

뻐꾸기 소리

이른 아침 올 들어 처음
뻐꾸기 소리 들었다

참으로 오랜만에 느껴보는
이슬 망울 같은 신선함에

아직 덜 가신 찌뿌둥한
피곤함이 말끔히 가시고

찌든 기억들 하며
누렇게 바랜 자취들까지
뽀얗게 빨래해 준다

탁한 소리 많은 세상
뻐꾸기 소리에 행복하다

쌓이는 그리움

내리는 눈이야
한 자가 쌓여도

치우면 되고
녹이는 봄도 오지만

한 번 쌓이기 시작하니
녹을 줄도 모르고
치울 재주도 없구나

어디, 누구!
이런 재주 가진 이 없소?

두텁게 쌓인 이 그리움을
치우거나 녹여줄 이 말이오

제3부

행복의 기술자

행복 교실

행복은
찾는 이의 것이 아니라
느끼는 이의 것이고

행복은
오는 것이 아니라
늘 곁에 있는 것이네

행복은
지갑 속에 있지 않고
가족들 얼굴에 묻어 있고

행복은
정해진 임자도 없지만
갖지 못할 이도 없네

행복은
아침엔 못 만났어도
저녁엔 만날 수 있네

고맙소 당신!

이 넓고
거센 물결 이는
이 강을
어찌 혼자

노 저어
올 수 있었겠소
당신이 함께하니
이만큼 왔구려

이 길에
뵈지 않는
높은 산이
얼마나 많았소

그 많은
가파른 고개 길
어찌 혼자

넘을 수 있었겠소

함께 하는
당신이 있어
잘 넘어 왔구려

이 길 오면서
뵈지 않는
장애물은
또 얼마나 많았소

혼자였다면
엄두도 못냈겠지만
팔 걷어 부치고
함께한 당신이 있어

치우고 피하고
건너뛰면서
여기까지
잘도 왔구려

고맙소 당신!
뵈는
저 모퉁이 돌면
뭐 있을지 모르지만

당신이 함께하니
걱정 없소
많이
사랑하오

행복 기술자

1
뒤를 돌아보니
거기에 남은 것은
세월이 데려가지 못한
뒷산의 큰 바위 뿐이다

뒤를 돌아보니
거기서 보이는 것은
가물가물 멀어져간
인생의 얘기들뿐이다

뒤를 돌아보니
거기서 들리는 소리는
덧 없다 속절없다
그런 소리가 제일 크구나

2
고개 돌려 앞을 보니

빼곡한 날들이 안겨온다
아름답게 꾸밀 수 있고
행복하게 설계 할 수도 있는

고개 들어 앞을 보니
일년도, 십년도 다 내 것이다
값을 주고 살 수 없는
이 귀한 것들 모두가

고개 들어 앞을 보며
소리 내어 크게 웃는다
그리고 나는 행복 기술자
그 노래를 부른다

행복의 주소

그 밝던 한 낮 햇살
다 거두어 큰 걸음 걸어
서산 멀리 넘어가니
꼬리 된 붉은 노을
수(繡), 곱게 놓는다

밤은 어두워서 싫다고
칭얼거리는 아이에게
해가 지면 달이 뜨니
괜찮다고 다독인다

달은 혼자 있어서
외롭겠다는 착한 말에
엄마는 웃음 지으며
별들이 친구해줘서
괜찮다고 말해준다

무릎에 누운 아이
토닥이며 시작하는

엄마의 자장가엔
앞산 소쩍새가
장단을 맞추고

한 자락씩 들려오는
뒷산 부엉이 소리엔
뒤란 장독대 귀뚜라미들
떼창으로 대답한다

중년의 향기

젊음은 일부러
꾸미지 않아도 멋있고
그 자체만으로도
향기가 나니
참 좋은 시절이지

중년 소릴 들으면
머리며 옷매무새며
부지런히 신경을 써도
향기보다는 잔소리
냄새를 풍기기 쉽지

그래도 중년이 되니
든든한 인생 밑천이
있어 좋고, 그것들로
나름 괜찮은 향기들을
빚을 수 있으니 좋지

인생 경험으로
노련함을 빚으니
젊음에 없는 향기가 나고
중년의 화술(話術)에선
구수한 향기가 나니
꽤 괜찮은 편이지

행복을 끼어 입은 날

찬바람이 품에 들어오니
두툼한 외투가 생각났다

장롱을 열고
일 년 만에 입는 외투

좀약 냄새가 낯설지만
입은 모양은 괜찮다

찬바람에 눈발까지 날리지만
두툼한 외투 속은 아직도 가을 온기

오늘은 외투 속에 들어 있는
행복까지 끼어 입은 날

행복은 모으는 것

행복은
다발로
묶음으로 와서
안기는 법이 없다

깨끗한 아침 햇살
화분에 핀 분홍 꽃 몇 송이
바쁜 하루의 일과(日課)

능청스런 동료들 웃음
책상머리에 앉아
글을 짓는 시간

마주보며 얘기하는
아내의 얼굴에서

낱개로 하나씩
혹은 반쪽씩
꺼내서 모으는 것이다

낭만쟁이

들 길 걷다가도
꽃이 좋다면서
작은 꽃이라도
눈에 띄면 그 앞에
쭈그리고 앉아서

대화랍시고
한참을 하는데
말이 대화지
꽃은 입도 안 떼는데
혼자만 두런거리다
일어서는 사람

연속극을 보면서
깔깔 대고 웃다가
장면이 바뀌자
주르르 눈물을 흘리고

옆에서 놀리면

운 게 아니라
하품을 했다고
겸연쩍게 시치미
뚝 떼는 사람

봄이면
할미꽃 보러 다니고
여름 오면
매미 소리 녹음하고
가을 이면
파란 하늘에 정신 팔리고

추운 겨울 되면
식구들 주겠다고
따끈한 붕어빵 한 봉지 사서
찌그러지든 말든
집까지 품고 가는
그런 사람

어떻게 부르면 좋을까
생각, 생각 하다가
"낭만쟁이"
그렇게 부르기로 했다

제4부

가슴앓이

봄 눈

간밤에 눈 내려
하얀 세상 되니
때 아닌 눈길에
벌벌대며 걷는다

따스한 햇살
한 나절 내리니
꿈 이었나 생시였나
그 많던 눈 다 어디 갔나

봄 눈 녹아 촉촉해진
잔디 위를 걷자니
이 속에 녹지 않고
뒹구는 덩어리가 밟힌다

어찌, 봄 지나 더운 계절을
여러 번 거치면서도
이 덩인 녹을 줄도 모르고

모난 돌처럼 가슴을 찌르는가

올 삼월이 어려우면
한 해만 더 참아보려니
부디 내년 춘 삼월엔
봄 눈 내렸다 녹을 때
모른 척 슬그머니 녹으렴

닫아버린 문

1
자물통도
뵈지 않고
여닫는 소리도
나지 않는데
한 번 닫히니
열리지 않는구나

말 송곳에
찔리니 닫았고
돈을 놓고
다투다가
닫아버렸고

평생 우정도
배신당하니
닫아버렸고
사랑 했어도
큰 상처 받으니
닫아버렸구나

2
동지섣달
칼바람에
겹겹이 언
서천 강물도

아지랑이
피어오르는
새 봄 오니
언제 얼었냐는 듯
녹아 풀어지건만

삼복더위
찌는 볕이
내리 쬐어도
이 문만은

기미조차
뵈지 않고
그저 굳게만
닫혀 있구나

사연을 입고 산다

1
뜨거운 한낮 볕에
얇은 옷도 후텁진데
들녘의 저 허수아빈
겨울 외투 끼어 입고
괜찮은 듯 서 있다

왜 아닐까 열 번도 더
벗고 싶은 맘 들었겠지만
그래도 맨 막대 들어나면
눈치 빠른 새들 알아챌까봐
버티고 있는 중이겠지

2
남의 말 했나보다
뵈지만 않을 뿐이지
너 나 없이 사연을
옷 입듯 하고 사는 건

허수아비와 다른 게
무엇이 있겠는가

벗고 싶은 맘 굴뚝같아도
맨살 드러나면 흉잡힐 새라
그저 섶이라도 풀리지 않게
꼭꼭 여미고 사는 거지

가슴앓이

꽤나 오랜 시간
마스크를 쓰다 보니
이젠 적응이 되는지
그리 불편하지 않고
되레 맨 얼굴이면
허전할 정도까지 됐다

이 몸 안에
이런 불편함까지
적응 할 수 있는
신기한 힘이 있다는 것이
새삼 고맙기도 하지만
이로 인한 아픔도
간과 할 수가 없다

사람이 사람을
미워하며 산다는 것
불편하고 싫은 것이지만

그것을 끌어안고
사는 것이 아픔의 현실이다

처음엔 불편해서
망설이다가도
시간이 지나면
불편함은 작아지고
편안함이 커지면서
떳떳하게 미워한다
이는 적응이 주는 아픔이다

그저 숙맥마냥
적응 할 줄만 알고
분별력이 부족해서
미움 하나를 밀어내지 못하는
약한 이 마음을 놓고
끝이 보이지 않는
가슴앓이를 하고 있다

인생의 그늘

한여름 무더위엔
정자나무 그늘만한
좋은 보약 또 없으니
이사람 저사람 모여들어
한 자리씩 차지하고
시원타 노래 하지만

인생에 그늘이 지면
보약 아닌 고독이 되니
있던 이도 자리 뜨고
뉘 하나 찾는 이가 없네

그 그늘은 서너 폭,
한 마디 웃음소리에
그 한 폭이 도망가고
어른입네 그 고집 던지면
또 한 폭이 줄어드니

남은 마지막 한 폭은
그 주머니 실수 한 척
조금만 열고 살면
이사람 저사람 모여드는
그늘 같은 쉼터 되네

미움의 집

이리저리 다 해봐야
한 자(尺) 넘지 않을
이 작은 가슴 이니
그저, 그리움 하나
집 짓고 들어와 살면
더 바랄 것 있겠냐만

웬, 미움 하나
무슨 심산(心算)으로
비집고 들어와
떡 하니 자리 잡고
집 한 채 더 지었구나

그리움이야
백년을 같이 산들
무슨 탈이 나겠냐만
작은 이 가슴에
미움 까지 품고 살자니

아픈 날이 태반(太半)이구나

아픔이 크고 많아
작심하고 나서서
미움의 집 허물려하니
"나는 발이 없어요
당신이 나를 안아서
데려오지 않았나요?"

제5부
이름값

만근(萬斤)의 무게

살다보니
짊어지고 가는
등짐도 여러 가지라
어깨가 저울 되어 그 짐들
무게감을 전해 준다

걱정 고민의 무게가
두어 근은 될 것 같고
돈 버는 무게도
댓 근은 될 것 같고

관계의 무게도
꽤 될 것 같아
달아 보니 여 나무 근은
나가는 것 같고

어른이란 무게는
나이가 들어 갈수록

차곡차곡 더해가며
백 근은 더 될 것 같고

여보라는 짐은
이 몸이 더 많이 지면
좋으련만 그 약한
어깨 위에 더 많이 지우고
속없이 살 때가 많고

어깨를 뻐근하게 하는 것이
자식들인데 이 무게가 천근은
될 것 같은데 더 많이 무겁다 해도
얼마든지 지고 갈 수 있을 것 같고

부모라는 이름의 무게도
묵직하다 느끼며 살았는데
어느 날 한 번 달아 보니
만(萬)근은 족히 넘는 것 같았다

황혼 부부 길

그 넓적한 등
기댈 수 있게
평생 동안
내주어서 고마워요

아니오
가려워도 손닿지 않아
긁지 못할 때
늘 시원하게
긁어줘서 고마워요

선머슴 같고
자상하지 못한 남자
그 고운 눈으로
늘 봐줘서 고마워요

아니오,
솜씨 없어 맛있게 못해도

맛있게 먹어주고
최고라고
추어줘서 고마워요

내 머리만 희어지고
내 주름만 늘면 될텐데
왜 그 머리까지 희어지고
왜 그 고운 얼굴까지
주름이 느는 것인지

만족(滿足)

배부르고
등 따뜻하면 됐지
더 바랄 게 무엇이 있겠느냐며
족한 마음으로
사는 이도 있다는데

이 내 사람은
어찌된 일인지
만족은커녕 늘
'더, 더!' 라는 말을
입에 달고 사네

얼마나 볼거리 많은
세상을 살고 있는데
이마저 부족 하다고
뒤에도 눈이 달렸으면
좋겠다는 생각을 하고

입으로는 내나 부자(富者)나
하루에 세 끼 먹는 것은
마찬가지라고 말 하면서도
머리의 생각은 영 다르네

해봐야 한 뼘 남짓
이 작은 가슴에 어찌 그리도
큰 그릇이 들어앉았는지
천년을 산다 해도
절반인들 채워지랴

이만하면 됐지!
이게 어디야!
이것도 감사하지!
하루하루, 그저
이런 맘으로 살련다

이렇게 살라고 한다

흐르는 물이 나직이
말을 한 마디 건네고 간다
막히면 돌아가고
기다렸다 가면 되지
밀치고 가려다 다치면
그 먼 길을 어떻게 가겠느냐고

지나던 바람이 휙 하니
한 마디 던지고 간다
겨울에 더운 바람 안 불고
여름에 찬바람 부는 법 없으니
생뚱맞은 생각은 하지 말라고

우두둑, 굵은 빗방울이
콧등을 때리며 한 마디 한다
튀어 나왔으니 맞는 거고
맞아도 낮아지지 않으니
또 맞는 것은 당연한

이치가 아니냐고

떠가던 구름이 부드럽게
한 마디 던지며 간다
그 동네가 전부가 아니니
생각이 좁다 싶으면 그것은
앞마당 덕구에게 던져 주고
여기, 하늘한테 넓은 것
한 폭 얻어서 널따란 세상을
품고 사는 게 어떠냐고

기억의 저편

어제의 일이 안타까워
가슴앓이 하기도 하지만
오늘의 사연이 내일이면
기억하고 싶은 추억이
된다는 것을 알고 있고

푸르던 날의 풋풋함이
고운 단풍 만들듯
청춘의 그 날들이
인생의 중후함을
입혀 주고 있음도 알고 있지

따뜻한 햇살 마주하며
꼬마적 동무들 생각하다
고랑같이 새겨진 아픔도
한 폭, 인생의 그림인 줄 깨닫고
남은 아픔들 보듬게 되고

소태보다 더 쓴 맛에
뱉어버리고 싶은 충동들
삭이고 견디며 지내다보니
되레 그게 보약이 되었음도
번번이 알게 되었지

되짚어 갈 수는 없지만
되돌려 회상 할 수는 있고
돌아가 거기 설 수는 없지만
그날의 일들이 가지런히
정리 되어 있는 그곳

언제든지 건너가
추억으로 이름 새겨진
그 순간들을 만나면
작아졌던 가슴의 소리가
쿵쾅대며 다시 커지길 시작하지

이름 값

석자든 몇 자든
이 땅에 태어나면
이름은 갖게 마련이고
그것을 앞세워 평생을 사니
이 어찌 귀하지 않은가

높은 자리에 있어도
땅에 떨어진 이름이 있고
낮이 막이 살아도
높임 받는 이름이 있지

스스로 매길 수 없고
자기 밖 타인들이
겪으면서 느낀 대로
매기는 객관적 값이고 보니

금 수저라 큰 소리 쳐도
흙만도 못한 이름이 있고

흙 수저 물고 났어도
귀히 여김 받는 이름이 있지

나이로 매기지 않고
소유 양으로도 매기지 않고
풍채와도 상관없고
오로지 사는 그대로
매겨지는 냉철(冷徹)한 값이지

이놈! 이름값을 해라!
호통 치는 어른이 있고
그게 먹히는 세상이면
얼마나 좋으리오 만

제6부

열두 달 노래

1월의 기도

시냇가 나무처럼
가뭄 타지 않는
마음 되게 하시고
푸름으로 가득 찬
잎사귀같이 희망의 색도
변하지 않게 하소서

옳지 않게 사는 것
따르지 않게 하시고
그른 길 가면서도
바르다 고집하는
오만(傲慢)의 기운이
있지 않게 하소서

맘의 양식 될 만한 것은
밤 낮 가리지 않고
부지런히 받아들여
열 번이던 백 번이던

되새기고 되뇌이어
내 것 만들게 하소서

그릇된 행실은
겨처럼 가벼워
약한 바람에도
날아간다 했으니
선한 행실 뿌리 내려
세찬 바람 견디는
나무같이 서게 하소서

타고난 복 많지 않다고
시기하지 않게 하시고
작은 돌 모아
높은 성 쌓아 올리듯
소소한 것 모아 담아
큰 행복 만들게 하소서

열두 달 노래

정월!
정이 많고
정겨운 사람으로
정다운 삶 설계하는 달

이월!
이러니, 저러니
말 많이 안 하고
행동으로 말 하는 달

삼월!
삼고초려 비겁 아니고
배움이 손해 아니니
겸손과 배움을 익히는 달

사월!
사람을 신뢰하고
사람이 좋아서

사람들과 어우러지는 달

오월!
오늘이 가면서
기회도 데려 갈지 모르니
감사로 효도 하는 달

유월!
유별나거나
유난 맞지 않고
수수하게 사는 달

칠월!
칠전팔기 동화 아니니
실패에 기 안 죽고
힘차게 일어서는 달

팔월!
팔은 안으로 굽어도
사람을 대함은
공평하게 하는 달

구월!
구관조가 흉내내듯
그렇게만 살 수 있나
나답게 내 것을 만드는 달

시월!
시대가 변하고 있으니
묵은 고집 내려놓고
새것들 받아들이는 달

동짓달!
동치미 한 단지 담아놓고
겨우내 시원한 국물 마시듯
땀을 심어 보람을 얻는 달

섣달!
섣불리 울거나
서둘러 웃지 않고
묵직한 돌같이 처신 하는 달

소백산의 겨울 꽃

밤새 부는 세찬 바람이
얼음 서리 범벅해서
가지마다 발라 놓고

부랴부랴 햇살 달려와
환한 빛 덧칠 해주니
겨울 꽃동산이 되었네

맑고 고운 단색의 꽃
소백산 비로봉에 피어난
순백의 얼음 꽃이여

세월이여 당신은

세월이여 당신은
어찌 그리 공평하오
대궐 앞마당 그늘지우고
민초 툇마루 볕 드리우니

세월이여 당신은
어이 그리 참음이 많으오
그 많은 소리들 다 들려도
갈 길을 그냥 가고 있으니

세월이여 당신은
무슨 재주가 그리 좋아
풋사과 붉혀 곱게 만들고
검던 머리털 희끗하게 하였소

세월이여 당신은
웬 발이 그리도 크오.
그 한 걸음 사뿐해도

한 시절이 다 가니 말이오

세월이여 당신은
꼭 어머니 품을 닮았구려
하늘도 땅도 인생까지도
한 폭에 다 품어가고 있으니

시월 장미

오뉴월 꽃 시절에
붉게 피었으면
곱네, 예쁘네
큰 사랑 받았을텐데

뒤 늦은 이 시월에
덩그러니 피어나니
짓궂은 갈바람만
건드리고 가는구나

왜 이제야 피었냐고
묻지 않으련다
늦게라도 피었으니
잘 했다고

어울려 못 피었어도
찔레 아닌
장미로 피었으니

다행이라고

늙을 수도 있지!
그래도 예쁘고
여전히 곱다고
이 말을 해줘야지

그가 떠나간다

그가 떠나간다
온 세상 만인의 연인
가을, 그가 떠나간다.
귀뚜라미 소리에 실려와
큰 정(情) 작은 정(情)
다 들여 놓고는

그도 떠남이 아쉬운지
여기저기 국화꽃 피워
그윽한 향기 날리고
감나무 높이 매달린
빨간 까치밥에
하얀 아침 서리로
곱게 분발라 준다

좋아서, 보내기 싫어서
통사정 해보고 싶지만
그래도 떠날게 뻔-하니

그저 바위만한 아쉬움
가슴에 떠안고 삭이련다

떠나가는 그에게
어떤 이는 시 한편으로
어떤 이는 통기타 노래로
또 어떤 이는 낙엽 쌓인
공원을 걸으며
바스락 대는 발자국 소리로
송별(送別)을 고(告)한다

제7부
너를 닮고 싶어

아름다운 너

눈이 커서 아름답고
입술이 예뻐서 아름답고
손이 고와서 아름답고
머릿결이 고와서 아름답고
뒷모습이 멋져서
아름답다는 말은
누구나 들을 수 있겠지만

마음이 고와서
아름답다는 말은
누구나 쉽게
들을 수 있는
말이 아님을 안다

망치 같이 둔탁하고
면도날 같이 예리하고
꼬집어서 비트는 것 같고
속을 다 뒤집어 놓을 만큼

터무니없고

뒤통수가 가려워서
견디지 못할 만큼
수근 거리는 말에도
그저 미소로 대답하는
넉넉한 속을 가진 너

너를 닮고 싶어

1
백지 위에 쓴 글자
몇 차례 문질러 지워도
화면 위에 썼다가
지운 것만큼
깨끗하질 못하구나

2
마음 판에 썼던
미움
서운함
글자 역시 지워도
백지 위에 썼던 것
만큼이나
개운 하질 못하구나

3
끝없는 반복 아닌

승산(勝算) 있는
고민이길 바라며

그저 깨끗이
지워주는 화면 위에
'너를 닮고 싶어'
이렇게 적어본다

하늘을 보며

먹구름 잔뜩 낀
하늘을 보면
가슴 답답한 사람들
친구하러 내려온 것 같고

동풍에 그 구름
밀려가는 것 보면
이 가슴에 걸린 시름도
걷히려니 생각한다

넓디넓은
하늘을 볼 때마다
좁디좁아
소갈머리 소리 듣는
이 속은 넓어질 수
없느냐고 두런거린다

아침에 흐리던 하늘

한 낮 되어 맑아지고
다시 흐려 비설거지 하다보면
인생하고 날씨는 빼 닮은
쌍둥이같이 보인다

눈 펑펑 내리는
하늘을 보고 있으면
그 시절 추억들도
눈처럼 내려와 소복이
쌓일 것만 같고

파란 하늘이
아름다워 뵈는 날이면
가슴속 몽우리진
분홍색 그리움의 꽃은
엷은 미소로 피어난다

희망의 노래

떠나는 가을바람이
곱게 가질 않고
심통인지 뭔지 부려
몇 개 남지 않은
잎사귀들마저
떨어뜨리고 만다

그 곱던 봄날의 꽃잎
푸짐하게 우거졌던
녹색의 이파리들
그 속에서 들려오던
매미와 쓰르라미 소리도
한낱 지난 이야기가 되어버렸나

해질녘 서천 강바람은
정(情)도 없지, 왜 저리도
드세게 불어서 앙상한
가지만 남은 저 나무들,

저리 몹시도 흔들어대는지

그래도 저 나무들
그런 바람이 싫지 않은지
그 바람에 실려 춤추고
그 바람 소리에 맞춰
다시 올 희망의 봄을
노래하고 있다

내가 나에게

귀 있어
좋은 소리
듣지 않는가
그 귀에
신음 소리 들리면
꼭 돌아보게나

눈 있어
아름다운 것
구경하지 않는가
그 눈에
우는 사람 보이면
눈 감으면 안 되네

손 있어
열심히
일할 수 있지 않는가
그 손에

힘 있으니
힘없는 사람도 붙들어 주게나

발 있어
원하는 곳
다니지 않는가
두 다리
힘 있으니
약한 사람 버팀목도 되어 주게나

끼니 있고
의복 있으면
괜찮지 않은가
떡이 두 쪽이나 있으니
한 쪽은 없는 손에
쥐어주게나

여전히 미완성

몇 번을 때리고
얼마나 부숴야
작품이 되고
글이 써지는 것일까

구경꾼의 눈엔
다 된 것 같은데도
석공은 성이 차지 않는지
때리고 또 다듬는다

그저 돌덩이 저것이
무슨 모양을 알고
아름다움이 뭔지
들어보기나 했겠나

하루가 지나고
열흘이 지나고
한 참을 더 지나니

형상이 되고 글이 된다

저 본때 없던 돌덩이
맞는 만큼 다듬어지고
부서지는 만큼
모양이 만들어진다

망치도 아닌 뾰족한
말 한마디를 듣지 못해
고개를 돌리는 이 속은
평생을 다듬어도 여전히 미완성이구나

제8부

어머니와 소쩍새

시들지 않는 꽃

아프면 아프다는
슬프면 슬프다는
외로우면 그렇다는
소리를 내야 하고

비 오면 우산 쓰고
바람 불면 옷깃 여미고
눈 내리면
서서 기다렸다 가야 하고

봄날엔 나물 캐고
여름날엔 그늘 찾고
가을날엔 낙엽에 눈길 주고
인생, 그렇게 사는 것이잖아요

당신은
그렇게 못 사셨습니다
아니, 일부러 외면하시며

괜찮은 양 사셨습니다

당신은
봄기운도
여름 그늘도 모른 척 하시며
가을 낙엽은 빗자루질만 하셨습니다

당신은
이 가슴 복판
시들지 않는 꽃으로
피어 계십니다

어머니와 소쩍새

깊은 밤
소쩍새 소리
어둠을 더 짙게 칠한다

초저녁부터
소리 했으니
쉬어 갈 만도 하건만

목청도 좋지
청량한 저 소리
아름다움의
꼭대기에 있구나

어릴 때
어머니가
소쩍새 소리에
한 해 농사가
담겨 있다 하셨지요

솥 적(소쩍)
솥 적(소쩍) 하면
올해 농사 잘 돼서

솥에 들어갈
곡식이 많아
솥이 적다는 뜻이고

솥 달 솥 달, 하면
올해 농사 흉년들어
솥에 들어갈
곡식이 적어
솥만 달군다는
뜻이라고 하셨지요

어머니!
오늘 밤은
솥 적! 솥 적!
하는 걸 보니

올해 농사
풍년 들 것 같네요

어머니와 구슬

삼백 예순 닷새에 하나씩
열두 달에 하나씩

어머니는 그렇게
아흔 네 개 구슬을 꿰고 가셨다

한 해에 하나씩 느리게
아주 느리게 세월을 꿰신 것 같은데

가신 어머니 발자국 보니
살같이 빠른 세월 살다 가셨다

땀으로 눈물로 고물 무쳐진
어머니의 구슬들이여
영원히 빛날 나의 보석들이여

어머니와 아들

작은 컵에 마시는 것은
성에 차지 않으신다면서

아예 대접에 커피 설탕 프리마를
듬뿍 넣고 휘휘 저어서 드셨다

뜨끈한 숭늉을
평생 후식으로
드시던 어머니께서

언제부턴가 동네 제일의
커피 마니아가 되셨다

한 대접을 드신 후에야
'이제 눈이 번하다' 하셨다

이제 생각해 보니 이 아들은
식성도 어머니를 **빼닮았다**

어머니께!

어머니가 떠나시고
집 앞 은행 나뭇잎이
열 번이나 노랗게
물들었습니다

세월 가면 기억의 색도
조금은 바랠 만도 한데
어머니에 대한 그리움은
은행잎보다 더 노랗게
마음을 물들이고 있습니다

갈바람에 떨어진 나뭇잎들
서천강둑에 뒹구는 이맘 때면
외로우셨을 어머니의
그 긴 세월이 느껴져서
그저 죄스럽기만 합니다

어머니!
찬 서리 내려

호박잎이 시들어지는
이맘 때만 되면 마흔에
청상(靑孀)이 되시어
사남매 거둬 키우시느라

따뜻한 옷 하나
사 입지 못하시고
고뿔에 콜록 이시던
그 소리가 귓가에 맴돌아
가슴이 메어집니다

어머니!
오늘 아침엔 뜨끈한
호박 국을 두 대접이나
먹었습니다

한 그릇은 어머니를
그리워하며 먹었고
그 다음 한 그릇은
어머니 식성을 빼어 닮아
호박 국을 좋아하는
이 아들이 먹었습니다

어머니와 화장품

어머니의 화장품은
두 가지였습니다
넓적하고 둥근 통에 든
가루 분 하나와

온양 장날 장터에서
약장사 구경하며 사 오신
하얀 크림 한통이 전부였습니다

젊은 시절 고우셔도
어쩌다 한 번씩
그것도 행사처럼
드문드문 바르셨습니다

몇 가지 화장품 나온
시절이 되었을 땐
연세를 핑계 대시며

분 바르시는 것마저도
안 하시고

크림 하나 바르시다
먼 나라 가셨습니다

좋은 화장품이
스무 가지도 더 되는
요즘 같은 시절에
어머니께서
제 앞에 계시다면

제 손으로 꼭
몇 가지 화장품
발라 드리고 싶습니다

제일 먼저
사 남매 키우시느라고
검은 진이 다 빠져버린
하얀 머리칼에

요즘 한창 유행 하는
갈색 나는 염색을
해 드리고 싶습니다

그 다음엔

고된 시절 지나시며
부서지고 빠져버려
숫자적은 눈썹을

검은 색 연필로
잘 그려 드리고 싶습니다

그리고 주름진 얼굴엔
최고로 좋은 크림을
발라드리고 싶습니다

또 어머니가 괜찮으시다면
연한 붉은 색 루즈도
살짝 발라드리고 싶습니다

그렇게 해드린 후에
젊은 시절 유일한
나들이 장소이셨던
온양 장터에 모시고 가서

혹시라도 남아 있을 상점들
찾아다니며
구경 시켜 드리고 싶습니다

어머니 생각

칠월 스무사흘
먼 나라 떠나신
우리 어머니
열한 번째
기일(忌日)인데

아직도 이 효자손
윤기 나는
어머니 손길
그냥 들고 있구나

등 긁는 척
효자손 잡으니
따스한 어머니
그 손길 느껴져
두 손으로 꼭 잡고
그냥 볼에 대고 있구나

어머니가 좋아하시던
옥수수 철이 되고 보니
검정 알 박힌 찰옥수수
뱅뱅 돌리며 따 잡숫던
그 모습 선 하구나

평생, 마른 북어
한 가지 말고는
육식을 모르고
사셨던 어머니

이 아들이
어머니 식성을 닮아
그저 된장찌개
김치만 찾고 있구나

더는 늙지 마시고
이대로만 계셔 달라고
놓고 가신 사진 보며
어린애 같은 부탁을
또 드리다 보니

나이만 많아
어른이지
어머니 앞에서는
여전히 어린아이구나

제9부

친구가 보낸 편지

먼 길 나서는 친구에게

집시기 끈
단단히 매서
헐떡이지 않게 하고

허리띠도
단단히 묶어서
흘러내리지
않게 해서
잰 걸음으로 가시게

목마르면
물 떠 마실
물바가지 하나
꼭 챙겨가고

한 낮 뙤약볕에
지치지 않게
볕 가려줄 벙거지도

꼭 챙겨 쓰시게

두 다리 튼튼해도
지팡이 하나는
들고 가시게
혹여 짐승 만나면
쫓아 버려야 할테니

아무래도
먼 길 이니
중의 적삼
두어 벌은
챙겨서 가고

맑은 개울 만나면
자주 빨아 입게 나
먼 길 나그네
냄새 나지 않도록

봇짐이 무거우면
먼 길 걷기

힘들 테니
수시로 살펴서

쓸모없는 것
골라내서
버리는 것을
잊지 마시게

엽전이
너무 많으면
냄새 맡고
도둑이 낄 테니
그저 적당히
주머니 속에
챙겨 가시게

비 오면
길 멈추고
남의 집
처마 밑에라도
신세를 지시게

고뿔들면 큰일이니

길손은 본시
외로운 법이니
동(同) 향(向)
길손 만나거든
동무로 새겨
같이 가시게

혼자 백리길
갈 수 있다면
동무와 같이 가면
천리 길도
넉넉히 갈 수 있다네

친구에게

친구니까 말 하는데,
내가 그간 과한 욕심을
가지고 살아온 것 같네
몸은 낮은 곳에 있으면서도
마음은 늘 높은 곳에 있었네

그뿐 만이 아닐세
정말 많은 사람들한테
분에 넘칠 만큼의 사랑을
받으면서도 그게
성이 차질 않아서
불만일 때가 참 많았네

더욱이 친구를 사귈 때도
인품 보다는 학식이나
지위 따위를 먼저 보고
사귈지 말지를 결정 했다네

친구니까 말 하지만,
솔직히 이렇게 사는 것이
우선 내 스스로에게
민망하고 부끄러워서
더 이상 견딜 수가 없네

해서, 성탄절 핑계대고
이참에 베들레헴
그 마구간에 가서 인생
다시 배워오려고 하네
혹시 자네도 같이 갈
생각이 있으면 연락을 주게

친구가 좋다

핑크보다 조금 진한
원피스 차림에
베이지색 양산을 들고
편한 구두를 신었다

양쪽 귀가 들어난
짧은 컷트 머리의
한 중년 여인이
원당로 사거리에 있는
성당 울타리 앞을
서성인다

왼 손에 든 가방이
무거운지 양산을 든
오른 손에 바꿔 든다
신식 같진 않지만
세련 돼 보인다

얼마 후 빨간색
자동차 한 대가
여인 앞에 와 섰다
또래의 여인이 내리자
손에 들고 있던
가방을 건넨다

"내 정신 좀 봐,
친구야 고마워"
"친구야 조심해 가"
아쉬움이 잔뜩 섞인
두 사람의 목소리가

한참 동안
성당 울타리에
그대로 걸려 있다

친구가 보낸 편지

진짜 장수는
자신과 씨름 하고

미인은
마음에도 분을 바르고

된 사람은
오를수록 고개 숙이고

장수(長壽) 하는 사람은
배고플수록 가려서 먹는다네

손님과 친구

아픔이라는 것
고통이라는 것
문제라는 것이
가끔씩 찾아와서

꼬집고 할퀴기도 하지만
겪어 보니
잠시 머물다 가는
손님과 같습니다

그러나
노력의 대가(代價)나
수고의 보람이나
사랑의 열매는
힘들여서 얻기는 하지만

겪어 보니
평생을 함께 가는
친구와 같습니다

훈수의 달인

세상에서
승패 없는 싸움이
딱 한 가지가 있는데
부부가 다투는 것이란다

이긴들 뭐하고
또 져 봤자
별 것 아니라는 뜻으로
지혜 있는 어른들이
교훈으로 주신 말씀 같다

아니나 다르랴
평소에 유머가 뛰어나서
분위기 메이커 노릇을 하는
이 선생이 이상하다

사연을 들어 보니
어제 아내와 다투고

아침도 거른 채
출근을 했다면서
전전 긍긍 한다

말 잘 하는 임 선생이
훈수를 두는데
귀를 쫑긋하고 듣자니
그야말로 청산유수다

임 선생은 훈수를 마치면서
다시 한 번 확인을 한다
오늘저녁 퇴근하면
아무 변명하지 말고

어제 내가 너무
성급하게 말한 것 같으니
미안하다는 말로
사과만 하라고 한다
임 선생의 훈수를 받은
이 선생의 표정이
많이 밝아진 것 같다

평소에 말을 잘 한다는
평을 듣고 있는 임 선생
훈수의 달인이라는
새로운 자리 하나까지
꿰어 찰지
내일 아침
이 선생을 만나보면
판가름 날 것 같다

동시

제10부
소원이 있어요

꿈이 있어요

꿈이 있어요
과학자가 되고 싶은

크고 빠른 우주선 만들어
엄마 아빠, 우리가족 다 태우고

하늘 먼 우주로
여행을 가고 싶어요

달나라에 가서는
토끼 친구들과 재미있게 놀고

큰 별 나라에 가서는
녹지 않는 눈사람도 만들고 싶어요

여름 방학이 되면
은하수 바다로 여행도 가고

겨울 방학이 되면
따뜻한 별 나라로 여행을 가고 싶어요

소원이 있어요

산을 좋아하면
푸름을 닮고

시냇물을 좋아하면
깨끗함을 닮고

무지개를 좋아하면
아름다움을 닮고

바다를 좋아하면
넓음을 닮고

꽃을 좋아하면
예쁨을 닮고

새를 좋아하면
고운 목소리를
닮는다면 좋겠어요

가을이 좋아요

기다리던 가을이
시원한 선풍기 바람을 갖고 왔어요

고운 단풍은 앞산에
색동저고리를 입히고 있고요

산 아래 과수원 빨간 사과들은
우리 동네를 예쁘게 꾸미고 있어요

서천 강 하얀 갈대숲은
바람을 타고 파도를 만들고 있고요

소백산 봉우리 뭉게구름은
하루종일 멋진 그림을 그리고 또 그려요

이런 가을이 좋아요
그래서 오래 오래 친구 하고 싶어요

반가운 겨울 손님

겨울 햇살은 반가운
우리 집의 으뜸 손님
아침 일찍 찾아와서
늦게 까지 놀다가지요

꼭꼭 문 닫혀 있어도
안방까지 들어와서
온 집안을 환하게
비춰주는 고마운 손님

베란다 화분들이
추워할까봐
따뜻한 볕으로
목도리 둘러 주고요

곰 인형 혼자
집에 있을 땐
친구 되어 하루 종일
놀아주기도 하지요

기린 가족 농구단

목이 긴 기린 가족
농구단 만들면 좋을 것 같아요

할아버지는 감독
할머니는 코치

엄마 아빠는
중거리 슛 선수

아들 형제는
좌우 공격 선수

딸 자매는
골밑 수비 선수로

기린 가족 농구단
우승 할 것 같아요

사이좋게 지내요

하얀색 두루미
갈색 청둥오리
친구 되어 같이 놀고요

키 큰 두루미
키 작은 청동 오리도
사이좋게 지내네요

색깔이 다르고
생김새도 다르지만
가까운 친구 되어
재미있게 지내네요

지구에 사는 사람들도
모두 모두 싸우지 말고
친한 이웃되어
사이좋게 지냈으면 좋겠어요

(동요)
엄마 아빠의 마음

1절
갖고 싶다고 떼써도
해로운 것은 안돼요
하고 싶다고 졸라도
해로운 것은 안돼요

2절
놀고 싶다고 졸라도
숙제 안하면 안돼요
사고 싶다고 졸라도
아끼지 않으면 안돼요

3절
보고 싶다고 보채도
골라서 보여 주시고
먹고 싶다고 졸라도
골라서 먹게 하세요

4절
어른 말씀엔 공손히
웃으며 말씀 드리고
친구 한데는 언제나
상냥하고 친절 하래요

(후렴)
알아요, 잘 알아요
우리를 사랑하셔서
그렇게 말씀 하시는
엄마 아빠의 마음을

노란 민들레

담장 밑 노랑 민들레
노랑 웃음 못 참네

노랑 입술 노랑 눈에
눈동자도 고운 노랑

노랑머리 곱게 빗고
고운 볼엔 노랑 연지

살살 불어라 봄바람아
심술 부려 티 날리면

노랑 민들레 고운 얼굴
찡그리면 어쩌려고

가을은 페인트 아저씨

가을은 페인트 아저씨
노랑 빨강 여러 색 잘도 칠해요

새 하얀 구름은 송이송이 모아
뭉게뭉게 우유 색 칠해 놓고

동네 앞 고추밭은 고랑 고랑 다니며
모두모두 빨강으로 칠해 놓지요

다닥다닥 파란 대추들은
빨강으로 예쁘게 칠해 놓고

앞산 뒷산은 뛰어 다니며
곱디고운 단풍 색 칠해 놓지요

넓고 넓은 들판도 문제없어요
바람 배 노 젓고 다니며
노랗게 다 칠하니까요

바람 화가 아저씨

파란 하늘 도화지 위에
뭉게구름 물감 풀어

바람 화가 아저씨
멋진 그림 그려요

뒤뚱 뒤뚱 오리 형제
뚱뚱보 코끼리

성난 호랑이 얼굴
사과 먹는 원숭이

달리는 이층 버스
달나라 가는 우주선

어제는 해바라기 꽃
오늘은 넓은 꽃동산

무엇이든 다 그려요
바람 화가 아저씨는

어머니와 소쩍새

2021년 4월 30일 1판 1쇄 발행

지은이 · 조갑문
펴낸이 · 서예석
펴낸곳 · 도서출판 영성네트워크
기　획 · 유정숙
관　리 · 류권호
편　집 · 김은미, 이성덕

ⓒ 조갑문 2021

주　소 · 서울시 노원구 덕릉로 129길 19
전　화 · 02.3391.7733
이메일 · socs25@hanmail.net

정 가 · 10,000원